Highly Sensitive Child

HSC 子育てあるある

うちの子はひといちばい敏感な子!

子育てカウンセラー・心療内科医
明橋大二 監修
太田知子

1万年堂出版

朝から晩まで続く激しいかんしゃく。
ささいなことで爆発《ばくはつ》する地雷《じらい》。

子育てってこんなに
たいへんなの？
それともうちの子だけが、
特別手に負えないの？

子どもがわがままに育つのは
私の育て方のせい？

ある日、子どもが
「ひといちばい敏《びん》感《かん》な子（ＨＳＣ）」※
と気づくと
ありのままの子どもを
受け入れられるようになりました。

葉っぱさん
一人じゃ寂しいから
みんなの所に行こうね

※**HSC**…HSCとは、Highly Sensitive Childの略で、ひといちばい敏感な子のこと。
この特性を持つ子は、５人に１人の割合で存在します。

この子はこのままでいい、
と思えると、
今度は
敏感《びんかん》さの素晴《すば》らしい面が
どんどん見えるように
なってきました。

楽しいことが大好き!!
大丈夫?
かわいい!
あそぼー♡
あそぼー♡
お手紙書こう
元気なかったし心配だなぁ……
みんなを笑わせるためにがんばるよ〜
校歌熱唱
おはようございます!

HSCとは?

この子は
この子でOK!

あれ、前髪切ったんだ
そう!

HSCとは、5人に1人の割合でいる「ひといちばい敏感《びんかん》な子」のことで、体の内外のことに敏感《びんかん》です。

障がいや、病気ではありません。

雰囲気《ふんいき》、人の表情、におい、音、細かい違《ちが》いなどさまざまなことに、よく気がつき、じっくり考えてから行動します。

ささいな刺激《しげき》にも敏感《びんかん》で、深く処理をします。

悲しみや喜びを、他の子よりも強く感じています。

ギャーーッ
注射
そこまで……?

よーく考えている

感動
ボロボロ

コミュニケーションを取れない動植物や、
赤ちゃんなどの状態を感知するのが得意です。

病人や、お年寄り、弱い人には、とても優《やさ》しいです。

共感力が高く、困っている人がいると、
自分のことのように悲しみます。

感受性が強く、豊かな想像力があります。

正義感が強く、不公平なことや、
いじわるなことに対して強く憤慨《ふんがい》します。

生まれ持った敏感《びんかん》な気質は、
大人になっても、変わることはありません。

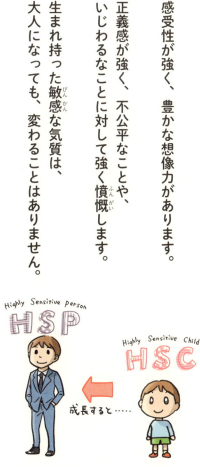

もくじ

もくじ

もくじ

はじめに

他の子とはちょっぴり違う感性を持つHSCを知ると、その子だけが持つ宝物（敏感さ）が輝き始めます

太田知子

わが家の子どもたちは2人とも、生まれつき、心も体もとっても敏感《びんかん》。ささいなことで大泣きし、ちょっとした言葉にも傷ついてしまいます。日常的な行動の一つ一つに地雷《じらい》があって、こんなことで？と思うようなことでかんしゃくを起こします。

朝起きるところから、ご飯を食べる、保育園に行く、帰る、お風呂《ふろ》に入る、寝《ね》る、など、他の子がふつうにできることが、うちではとても時間がかかりました。

そんなわが子は、のちに2人ともHSCだとわかりました。

HSC診断《しんだん》のチェックリストがあるのですが（102ページに掲載）、やるまでもなく、質問項目《しつもんこうもく》を見た途端《とたん》、「そうだったのかー!!」と、霧《きり》が晴れていく感覚だったのを覚えています。それから、子どもの見方が180度変わりました。

「どうしてうちの子だけ、こんなに傷つきやすいのだろう」
「どうしてこんなに育てにくいのだろう」
「自分の育て方がいけないのだろうか」

と、**子どもを変えようと思っているうちは、親も子も、とっても苦しいです。**でも**生まれ持った個性だということがわかると、途端《とたん》に楽になります。**

ありのままの子どもを受け入れることができるようになると、今度は、敏感《びんかん》さのよい面が、どんどん見えるようになってきました。

相手のいいところをすぐに見抜《みぬ》くところ、

困っている子にひといちばい心をかけるところ、
面倒見《めんどうみ》のいいところ、友達《ともだち》思《おも》い、家族思いのところ、
人を笑わせるのが大好きなところ……。

弱点の裏返しは、長所です。

「自分は、これだけは他の誰《だれ》にも負けない」ということを知っているか、知らないかで、人生はだいぶ変わると思います。

この本は、今、子どもの言動が理解できず、子育てに悩《なや》んでいる親御《おやご》さんや先生に、**他の子とはちょっぴり違《ちが》う感性を持つＨＳＣとは、どういう子どもなのか、**ということと、**敏感《びんかん》さは、その子だけが持つ宝物である**ことを、マンガで伝えたいと思って描《か》きました。

うちも同じ、というところもあれば、うちではありえない……、という部分も

あると思います。

同じＨＳＣといっても、結局のところ、皆違《みなちが》います。

実際これほど違《ちが》うＨＳＣもいるのかと、驚《おどろ》くこともたくさんあります。

大切なことは、**一人ひとりの個性を受け入れ、その子が自分らしく生きられるように**、手助けをすることだと思います。

ＨＳＣの子育てはたいへんですが、ＨＳＣだからこそ感じることができる幸せもたくさんあります。

子どもが手をつないでくれるのも、あとわずか。

毎日たくさんの喜びを与《あた》えてくれることに、感謝したいと思います。

監修者の言葉

あなたは、ＨＳＣという大切な存在をこの世に送り出す、とても価値ある仕事をしているのです

子育てカウンセラー
心療内科医
明橋大二

ここ数年来、ＨＳＣ（ひといちばい敏感《びんかん》な子）に関する本を何冊か出したこともあって、私は、相談に来る親御《おやご》さんに、よくＨＳＣの紹介《しょうかい》をします。

ふつうは、そういう話を聞いて、「レッテル貼《は》りだ」と反発されたり、「そうなのか」と逆に落《お》ち込《こ》まれたりすることも、あって当然だと思うのですが、ＨＳＣに限っては、そういうことがほとんどありません。むしろ、「これを知って、今までの疑問が晴れました！」とか、「救われました」という感想をたくさん聞きます。

その理由の一つは、**それだけ、ＨＳＣを育てる親は、悩《なや》んできた**、ということだと思います。

この子は、どうも他の子と違《ちが》う。とても敏感《びんかん》だし、細かいことを気にする。こだわりが強くて、無理強《むりじ》いしようとしても、手がつけられないほど泣きわめいてとても無理。ささいなことで落《お》ち込《こ》んだり、そんなに気にしなくてもいいことまで気にしたりして、フォローがいちいちたいへん。その一方で、人の気持ちを察知して、とても優《やさ》しいところがあったり、大人が気づいていないことまで気づいて、ズバッと言い当てたりする。

相談機関に相談してもはっきりせず、「発達障がいのグレーかもしれません」と言われて、発達障がいのことを調べても、どうも自分の子どもとは違《ちが》う。周りの親や祖父母からは、「あなたの育て方が悪いんじゃないの」と言われて、よけい落《お》ち込《こ》んだりする。そんなときに、ＨＳＣと聞いて、**「そうだったんだ！　子**

ども が悪いのでも、育て方が悪いのでもなかった。ただの特性だった」と気づいて、心から安堵《あんど》する、ということがあるのだと思います。

それともう一つは、**HSCという考え方には、ポジティブなメッセージがたくさんある**からだと思います。

確かに、この世の中で、生きづらさを感ずることはたくさんあるけれど、HSC自体が悪いわけでは決してない。むしろ、優《やさ》しかったり、気づいたり、正義感が強かったり、素晴《すば》らしい感性を持っていたり、優《すぐ》れた資質をたくさん持っている。**HSCを知ることによって、改めて、子どもの持っている、素晴《すば》らしい特性に気づけることがある**のです。

HSCを育てることは、大いなる喜びです。たいへんなこともいろいろあるけれど、教えられることもたくさんあります。そして、HSCは、これからの社会に、なくてはならない存在です。これからの社会は、相手を蹴落《けお》とすような競争社会ではなく、多様な人たちがともに生き、相手を生かすことが自分を生かすことになる、共生社会です。また環境《かんきょう》に対する配慮《はいりょ》が、ますます必要とされる世の中です。そういうときに、ＨＳＣの持つ特性は、これから何よりも必要とされることでしょう。

ＨＳＣを育てる親御《おやご》さんは、そういう大切な存在をこの世に送り出す、とても価値ある仕事をしているのです。

そんなＨＳＣの子育ての喜びと苦労のあるあるを、太田知子さんが、ユーモアあふれるマンガにしてくれました。太田さんは、家族全員ＨＳＣ＆ＨＳＰ（ひといちばい敏感《びんかん》な人）なＨＳＰ一家のママです。ぜひ家族みんなで、笑いながら、読んでいただきたいと思います。

そしてこの本を通して、ＨＳＣに対する理解が、少しでも広まることを願ってやみません。

うちの子は、どのタイプ？

この世には4タイプの子どもがいます

どの性格がいいとか、悪い、というわけではありません。それぞれに長所と短所があり、すべてのタイプが必要とされていると思います。

ライオンタイプ♪

敏感《びんかん》であり、かつ好奇心《こうきしん》も旺盛《おうせい》なタイプ。友達《ともだち》を作るのが得意で、楽しい場所が大好き。

HSC + HSS

ウサギタイプ

敏感《びんかん》で、安定志向タイプ。新しい場所には、なかなか入らず、安心できる場所が大好き。

HSC + 非HSS

HSCとは

HSC

(Highly Sensitive Child)

ひといちばい敏感な子ども。

体の内外のことに敏感です。

非HSC

HSCではない子ども。

おおらかなタイプ。

HSSとは

HSS

(High-Sensation Seeking)

刺激を求めるタイプ。

好奇心が旺盛で、楽しいことが大好き。新しい人との出会いを求める、外交的なタイプ。やったことのないことに挑戦したいという気持ちが強い。気が散りやすいが、一度集中すると没頭する。

非HSS

HSSではない子ども。

刺激を求めないタイプ。

※育て方でなるのではありません。持って生まれた気質です。

イノシシタイプ

おおらかで、
後先考えず
飛《と》び込《こ》んでいく
勇猛果敢《ゆうもうかかん》なタイプ。

非HSC + **HSS**

ペンギンタイプ

おおらかで、
物事にあまり
動じない
マイペースなタイプ。

非HSC + **非HSS**

敏感で好奇心旺盛タイプ
（ライオンタイプ……HSC・HSS）

新しい友達《ともだち》を作るのが大好き！
ランラン♡
新しい店や
楽しそうな所に行くのが大好き!!
人を笑わせるのが大好き！
そしてみんなも楽しんでいるか、とても気になるタイプです
アルパカさんあまり笑ってないな
ヒツジさん独りになっていないかな

状況《じょうきょう》はじゅうぶんに確認しますが、好奇心《こうきしん》のほうが勝《まさ》ってしまい、どんどん新しい世界に飛《と》び込《こ》むタイプ。周りの空気も読むムードメーカー。

●敏感で安定志向タイプ（ウサギタイプ……HSC・非HSS）

ふだんは、控《ひか》えめないやし系……
でも、困っている友達《ともだち》がいたら、真っ先に反応する
大丈夫《だいじょうぶ》!?
少ない友人を心から大切にする
「なんか、あの子がいると落ち着くね――」
と周りから思われるぽかぽかタイプです

どちらかというと、リスクを取らず、新しい世界にはなかなか入っていかないタイプ。友人を大切にするいやし系キャラです。

おおらかで好奇心旺盛タイプ（イノシシタイプ……非HSC・HSS）

おまえら！
おれに
ついてこい!!
あー!!
そっちに
行ったら
怒《おこ》られるよ!!
かまう
もんか！
進むところに
道はできるのだ
わははははは
怒《おこ》られた
ガミガミ
ガミガミ
ガミガミ
気にするな!!
明日また
行こうぜ!!
あは♡
いのっちは
スゴイな〜〜〜
世界を動かす
起爆剤《きばくざい》のような存在
です

現状をよく確認せずに、いきなり新しい世界に飛《と》び込《こ》むタイプ。叱《しか》られてもあまり落《お》ち込《こ》まない、どんどん進むキリコミ隊長です。

おおらかで安定志向タイプ（ペンギンタイプ……非HSC・非HSS）

いのっちのわがままには
もうつきあいきれないよ!!
うん
うん
たいへん
だったね。
がんばったね
ライオンさんが
どうしてこんなことで
腹を立てるのか
ぼくにはわからないよ!!
うん
うん
そんなときって
あるよね
冷静に全体を見て
みんなをまとめる
タイプ
前進あるのみ!!
あっち行こ～っと♪
エート……
みんなーーっ
こっちだよーー
ごめんごめん!!
ペンちゃんが
いるから
ぼくたち
うまくいくん
だなぁ……
ありがとー
周りからとても
必要とされています♪

あまり物事を気にしない、マイペースなタイプ。現状を受け入れて、みんなを上手《じょうず》にまとめる潤滑油《じゅんかつゆ》的《てき》な存在。

モコママ一家は、
長女は、ライオンタイプ、
次女は、ウサギタイプでした。

赤ちゃん期、
幼児期、
小学生期の
HSCあるある4コマの
はじまり、はじまり。

登場人物紹介

うさこ（次女）

(HSC＋非HSS)
ひといちばい敏感で、
控えめないやし系キャラ。
この子がいると落ち着く
ぽかぽかタイプ

らいむ（長女）

(HSC＋HSS)
ひといちばい敏感だけど、
好奇心旺盛で、行動的。
周りのことが気になる
タイプ

モコママ

(HSP＋HSS)
家族の笑顔と
子どもの柔らか
肌が大好き

パパ

子どもの存在が
パワーの源

びんかんちゃん

ひといちばい敏感な子
の頭の中

Special thanks

明橋先生（心療内科医の先生）

HSCとママのハッピーアドバイザー

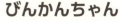

赤ちゃん期の あるある

赤ちゃん期の特徴：Dr. 明橋

赤ちゃん期の子どもがHSCかどうか、はっきり見分けることはなかなか難しいです。

刺激《しげき》に敏感《びんかん》で、よく泣く子もいれば、赤ちゃん期はとても育てやすかったというHSCもいます。

ただHSCは、この時期からいくつかの特徴《とくちょう》があります。

相手の顔や、周囲の状況《じょうきょう》をじっと見つめる。

いわゆる「注意力」があります。

親の気持ちを感じやすく、親がリラックスしているときは落ち着いていますが、親の心に余裕《よゆう》がないとよく泣くことがあります。

「なかなか眠《ねむ》らない」「ささいな刺激《しげき》でもすぐに目を覚ます」という特徴《とくちょう》もあります。

こういうことから、HSCの親は、何となく、子どもの中に敏感《びんかん》さを感じるのです。

勘が鋭い

赤ちゃん期から、ハッキリわかるほどではないけれど……
また……すごく私を見ている
まるで心の中をのぞかれているよう
じーーっ
母親がドキッとしただけで泣いてしまうなど
おっと
ドキッ
ビクッ
びゃー
はしっ
つるっ
セーフ!!
何となく
あちっ
びゃ～～っ!
勘《かん》が鋭《するど》い子だなぁ、と感じていました
じーーっ
キッチンで隠れてチョコ食べたあとは必ずガン見……

生後数カ月の間は、テレパシーで通じ合うような一心同体感が、とてもありました。

よく泣く

空気を揺《ゆ》らさず
そーっと移動
そ〜〜っ
ぱち
小さな物音でも目を覚まし
機嫌《きげん》よく起きることがありません
めがさめたときに
なんでそばにいてくれないの
お゛お゛お゛お゛
お゛あ゛あ゛ぁ
ずり
ずり
1歳過ぎの夜泣きは尋常《じんじょう》ではない泣き方で
ギャーーっ
しっかり!
大丈夫《だいじょうぶ》だよ!!
目に見えないものが見えているのか、殺される夢でも見たのか、と思うほどでした
反対に下の子はほとんど夜泣きをすることはありませんでした
が
いっつもこわいゆめをみる
と言います

HSCは生涯《しょうがい》を通じて怖《こわ》い夢をよく見る傾向《けいこう》があるようです。

● 何かが見えている

何もないのに、天井《てんじょう》の一部をいつも見ています
またあそこ見てるよ……
じ〜〜っ
何!? 移動してるの!?
じ〜〜っ
目で追っている
ご機嫌……
誰かにあやしてもらってる?
この辺?
きゃ
きゃ
きゃ
こういうことが毎日ありました
そして話せるようになったら今度は

あそこにおんなのひとがいる
いまわらってる
と言うようになりました
ギャーーー!!
もう少し大きくなると
おかあさん、おそとにおとこのひとがたってるよ
ほらそこ
ヒイイイ
誰《だれ》もいないのに!?
物心がついた頃《ころ》改めて聞くと
ねぇ、2階の女の人ってどんな人だった？優《やさ》しそうだった？
そのはなしはほんとうにコワイからもうしないで!!
不思議なことに、下の子が生まれると次女もまったく同じことをしました
また同じ所だ!!
じ〜〜〜っ
きゃ
きゃ

HSCは不思議な体験をする子が多いと聞きます。私も元HSCですが、子どもの頃《ころ》はよく見ました。私の考えでは、ひといちばいたくましい想像力を持つHSCの脳が、そこに存在するように見せているのでは？と思います。

抱っこ嫌い

ふつうは泣いている赤ちゃんを抱《だ》っこすると泣きやむのですが、うさこの場合……
あ、起きたな
ふえっ
あふえっ
抱《だ》っこするとよけいに激しく泣《な》き叫《さけ》びます
おお あぶなっ
バタバタ
おろせぇええぇ
ぎゃあああ～
泣きやませる方法はこれしかありませんでした
クーハンに入れて
優しくユーラユーラ
ふぇっふぇ……
ピタ
そんなはずないでしょう！ちょっと私にやらせて
どれどれ私も
……といろんなお母さんに抱《だ》っこされましたが
やはりクーハンでしか泣きやまず
クーハンは2年間破《やぶ》り倒《たお》されるまで使い続け、役目を終えたのでした

スキンシップですら、刺激《しげき》が強い子もいるようです。キスも嫌《いや》がります。残念、残念。

☆クーハンの使用期間は大体生後３カ月が目安です。
使用の際は赤ちゃんの安全にじゅうぶん、お気をつけください。

Dr. 明橋から赤ちゃん期のパパ、ママへ♪

赤ちゃんの要望にこたえていくと、自己肯定感という心の土台になります

HSC だからといって、真綿でくるむような育て方をする必要はありません。

HSC の親の多くは、実は、ごく自然にひといちばいの世話をしています。

大切なのは、親である自分の直感を信じ、赤ちゃんの要求に、こたえていくこと。

それが赤ちゃんにとって、お母さんは自分のことをわかってくれているという安心感になり、自己肯定感《じここうていかん》という心の土台になります。

自己肯定感《じここうていかん》とは、自分は生きている価値がある、大切な存在なんだ、という気持ちです。

もちろん、完璧《かんぺき》にできないこともあるし、特に衝動的《しょうどうてき》な HSS は、他の子より手がかかる面もありますから、途方《とほう》に暮れることもあると思います。

しかしあなたが子どものことを一生懸命《いっしょうけんめい》考えている気持ちは、子どもにも必ず伝わっています。

そこで培《つちか》われた安心感は、子どもと親に、生涯《しょうがい》にわたる幸せを与《あた》えてくれるでしょう。

幼児期のあるある

幼児期の特徴：Dr. 明橋

幼児期になると、お父さんお母さんに守られた世界から、保育園、幼稚園《ようちえん》という新しい世界に入っていきます。

ところがHSCは新しい環境《かんきょう》や、変化が苦手で、慣れるまでに他の子どもよりもじゅうぶんな時間が必要です。

また、同じ服ばかり着たがることもあります。

激しいかんしゃくや、しつこいだだこねで、親を振《ふ》り回《まわ》す子どももいます。年齢《ねんれい》の割りに、大人びたことを言って、親は、ふつうの子とは違《ちが》う感性を感じます。

よく見ている

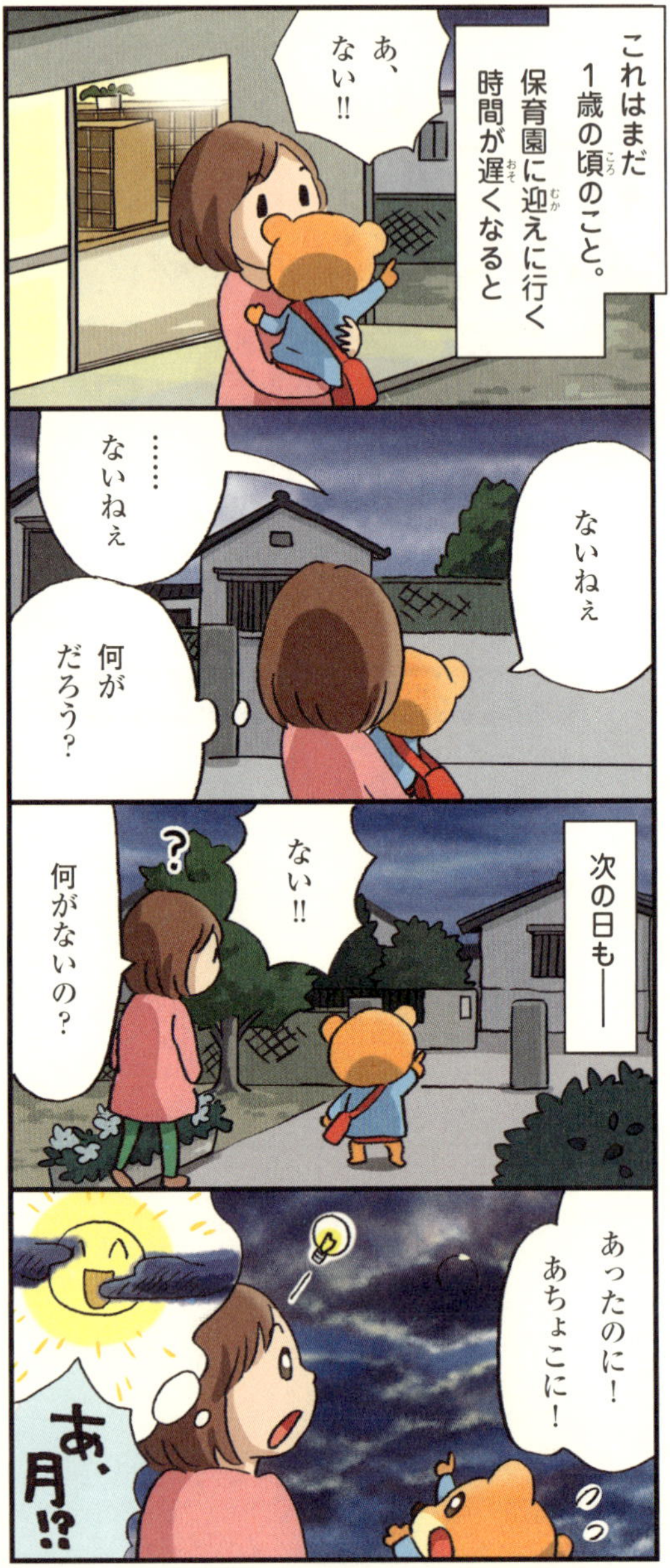
これはまだ1歳の頃《ころ》のこと。保育園に迎《むか》えに行く時間が遅《おそ》くなると
あ、ない!!
ないねぇ
……ないねぇ
何がだろう?
次の日も――
ない!!
何がないの?
あったのに!あちょこに!
あ、月!?

子どもなら誰《だれ》でもありそうな話ですが、HSCにはこういうことがよくあると感じます。観察眼が鋭《するど》く、ふつうの子なら気にも留めない情報まで、一つ一つ全部拾っているような感じがします。

●痛いの痛いの飛んでけ～

あっ
ゴツーン
コケッ
うわ～ん
ぱっ
ぱっ
痛いの痛いの飛んでけ～～!!
ここも!!
ここも!!
痛いの痛いの飛んでけ～～!!
…

すべてに「痛いの飛んでけ～」をしないと気が済みませんでした。生き物ではない物にまで、心があるように接します。

石橋をたたいて渡る

らいむは、石橋をたたいて渡《わた》ります。失敗したときの様子をリアルに想像しています。怖《こわ》がりのように思われますが、慎重《しんちょう》で、想像力が豊かなのだと思います。

石橋をたたいてたたいて渡らない

うさこは、何かをやろうとすると……
もしあれがこうなったら……
もし、あのひとにおこられたら……
さいあくのばあいは……
やっぱりやめよう
終了。
石橋をたたいてたたいてそれでも渡《わた》らないタイプです

それでも、年齢《ねんれい》が上がるにつれて、挑戦《ちょうせん》することが少しずつ増えていきます。

思いどおりにならないと世界の終わり

自分で何でもやりたいお年頃《としごろ》
んっ
んっ
もう出発しないと私が遅刻しちゃう〜〜
ハラ
ハラ
どれどれそ〜っと手伝《てつだ》っちゃえ……
ああっ
そ〜っ
しまったバレた!
じぶんでーー!!
ギャー!!
バシッ
いちばん長くなるパターンだ
ぎゃあぎゃあ
ううう……
ぎゃあ
こだわりが強くかんしゃくがひどい子の中にHSCは多いような気がします……

時間がかかるように思えても、「待つ」のが最短のコースなのです。「待つ」ということは、せっかちな私にとっていちばん難しいことで、子育てにはいちばん大切なことでした。

●チャイルドシート戦争

出発してからも、気が抜《ぬ》けません！
子どもが暴れ出さないように、常に気を遣《つか》いながらの
運転は、相当な注意力が必要でした。

納得しないと読めません

『ぐりとぐら』を読んでいたとき
――どっちがぐりでどっちがぐら？
――え？どっちだろう
確かにどこにも書いてないね
そういえば考えたこともなかった！
ああ、こっちがぐらか
ぐらがおなべのふたをとると、まあ！きいろいかすてらが、
ぺらっ
こういうところを見ているんだな……
よし、これでよめるね！

＊中川李枝子・大村百合子『ぐりとぐら』（福音館書店）

観察力があって、大人が気にしないような細かいところを、けっこう見ているんだよね。

●食べ物はくっついたらアウト

これと
白飯
牛肉炒め
これは食べるのに
GOOD!
びんかん
一緒《いっしょ》にすると台無しになる
ヒィィ
うわあーん
こんなきたないことされたらもうたべられないわ!!
びんかん
白ご飯に何かをかけてはいけないというのは、早くからあった、わが家ルールでした
親子丼はただの卵とじに
特に液体ものがご飯にくっつくのがダメ
くっついたらアウトだからね!
びんかん
他にも、別の料理同士がくっつくのを、極端《きょくたん》に嫌《きら》います
ケチャップがつく
ドレッシングが混ざる

HSCは、味覚や嗅覚《きゅうかく》にも敏感《びんかん》で、こだわりがあります。うちの子は、ご飯はご飯だけ、おかずはおかずだけ、という食べ方をして、口の中でも混ぜません。

大人同士の会話みたい1

らいむ3歳の頃《ころ》
結婚《けっこん》指輪《ゆびわ》を見せて
と言うので、外すと、
うれしそうに見つめていた
うわあああ♡
大切な物だから落とさないでね。
結婚《けっこん》したときお父さんにもらった物なの
ほう……
しょのころのおかあちゃんのたからものは、まだひとちゅだったんだね……
？
……今は？
らいむちゃんもでちょ～～？
しゃべり始めた小さい頃《ころ》からなんだか会話が大人びていました

小さい頃《ころ》から、子どもとおしゃべりするのがとっても楽しかった！
おしゃべりに関しては同じ年の他の子よりも、ずっと上手《じょうず》でした。

大人同士の会話みたい2

らいむが4歳で
うさこが赤《あか》ん坊《ぼう》の頃《ころ》
きゃきゃきゃきゃ
作っては壊し
作っては壊し
ぱかーん
らいむちゃんもこうだったんだよ～
……
バラバラ
きゃっきゃっ
かわいかったよ～
ばぁばもこうだったんだよ～
!
きゃっきゃ
なるほど……。こりゃ一本取られたわね
ぐしゃっ

HSCには、子どもだましは通用しません。幼い頃《ころ》から小さな大人のように接していました。

ぬいぐるみは大切なお友達

布団《ふとん》から出るとおばけに連れていかれると思っているらいむ
あっ
たいへん!!
タタタ
おばけにつれていかれちゃう!!
もうだいじょうぶだよ!!
ガシッ
だいじょうぶよ～
トントン
ねーんねーこーよ～

子どもは誰《だれ》でもぬいぐるみが好きですが、HSCにとってのぬいぐるみは、特別な存在です。私にとって、ぬいぐるみは、本当の自分をいちばんわかってくれる親友でした。

うさこの場合、ぬいぐるみが粗《そ》末《まつ》に扱《あつか》われると泣いて怒《おこ》ります。寝《ね》るときはたとえ自分が布団《ふとん》から飛び出しても、ぬいぐるみに寒い思いはさせません！

新しい環境は慣れるのに時間がかかります

進級の春、初めはどんなに泣いていても……
やだー
おかあさんがいい～～!!
たいていの子は1週間もすると慣れてくるのに
いってきま～す♪
らいむは慣れるまでに数カ月を要します
おやすみするうう
うわあああぁん
もう季節はすっかり夏……
敏感《びんかん》な子にとってはクラスが安心できる場所と思えることが最も大切なので
先生がらいむのことこんなふうに言ってたよ♪
安心できる情報をたくさん、子どもに伝えました
ぱっ
先生きっと、「らいむちゃんまだかなー」って待ってるよ!!
「先生は自分の味方」そう思えたら、子どもはいろんなことに挑戦《ちょうせん》できるようになります

安心できる環境《かんきょう》だとわかると、HSCはのびのびと、自分らしく過ごせるようになります。そうでないときは、敏感《びんかん》さが表に出るようになります。

胎内記憶

お風呂《ふろ》に入っているとき
おかあさんのおなかのなかみたい
きもちいい〜
えっ
お母さんのおなかの中にいたときのこと覚えてるの⁉どんなだった？
あったかくておふろみたいだったよ〜だからこーやっておよいでた
でもせまかった
本当⁉お母さんの声は聞こえた⁉
きこえたよ
それからっ⁉他には⁉
……あかかった
HSCは胎内記憶《たいないきおく》がある子が多いと言う人がいるけど、本当かな……？

胎内記憶《たいないきおく》は4歳を過ぎると徐々《じょじょ》になくなってしまうそうです。その後もしつこく聞いて、嫌《いや》がられました。

保育園から帰らない

保育園に迎《むか》えに行ってもなかなか帰らず……
まだまだ
もーっとあそぶ!!
一緒《いっしょ》に遊んでいたお友達《ともだち》が帰ってしまっても
チャンス!
私たちも帰ろう!!
バイバーイ
また次のお友達《ともだち》がやってきて（これがエンドレス）
あ、ゆめちゃん!!
らいちゃーん!!
いっしょにあそぼう～
てて
しまった!! 帰るチャンスを逃《のが》した!!
結局いつも最後になります
みんな帰っちゃったよー
とっぷり
もう帰ろうよー

保育園に通った9年間。毎日、終わってから1時間、遊びにつきあいました。とほほ。

●パンから始まるストーリー

HSCの頭の中は、ストーリーでいっぱい!! 人でも物でも、落ちている葉っぱでも、見た物からストーリーが展開していき、どんどん脱線《だっせん》していきます。HSCは驚《おどろ》くほど、発想力や想像力が豊かなんです。

うれしかったこと

おかあさん
おかあさん!!
きょう、ほいくえんで
いいことがあったんだよ!!
保育園が終わって
開口一番! よっぽど
いいことだったんだね
えー
なになに?
何かもらった?
ほめられた?
楽しいことがあった?
だいちゃんのね!
だいじな
てのほうたいが
とれたんだ!!
やったー
やったー
友《とも》達《だち》のことで
大喜びしている姿に
こちらまで
うれしくなりました

HSCは、人の心配をするのが大得意です。
でも、自分のことは後回しになってしまうんだよね。

あまのじゃく1

ご飯だから片づけなさいって言ったのに、いつまでたっても並べられないじゃない
お母さん先に食べちゃうよ？
たのしくあそんでいただけなのに
びんかん
なんできゅうにおこられなきゃいけないの!?
さきにたべるなんて
ひどい!!
びんかん
なんでそんないじわるなことをいうの!?
わたしはたべるなってこと!?
いいよ！ べつに！ たべれば!!
こんないいかたしたくないのに〜!!
いらないもん!! おかあさんが、いっしょうたべるなって、いったんだからね!!

すねやすくて、意地っ張りで、HSCの子育てはとってもたいへんなんです。こういうときに、子どもの気持ちを尊重した対応をすると、周りからは甘《あま》やかしているように思われてしまいがちです。

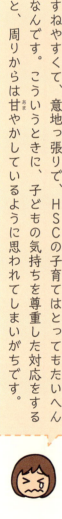

あまのじゃく2

遊園地に行くんでしょ？
準備しないのなら
置いていくよ？
もーっ
まだパジャマ!!
て
ひどい!!
びんかん
おいていく
おいていく
ぐわん
ぐわん
もうなにもかも
おしまいだ
きょうというひは
おわった……
びんかん
いいよ！　いかないから。
もう
ぜったい
いかない!!
なにがあっても
ぜったいにいかない!!
あーあ、
おかあさんのせいで
いけなくなった!!

このような「ふつうのお母さんがつい言ってしまいそうなおどし文句」は過剰《かじょう》な脅迫《きょうはく》に聞こえるようです。わが家では早くから禁句となりました。

お風呂戦争

なぜか、お風呂《ふろ》に入ろうとすると、かんしゃくを起こします
やだ
やだ
やだ
やだ
やだ
あの手この手で誘《さそ》いますが……
お風呂《ふろ》でスーパーボールすくいしようよ♪
こういう誘導される感じがすでに嫌らしい
やだ
えー、じゃあ何かおもちゃ持っていこうよ
毎晩、説得に30分はかかります
うるさい!! バカ!!
ドカッ
はいらなくていいの!!
ハァ…… 疲《つか》れた……
そして入ったら今度はなかなか出ません
もういっかいね!!
もう出たいよー
次の行動に移るのに時間がかかります

HSCは、次の行動に切《き》り替《か》えるのが苦手みたい。そしていったん始めると、集中力があってなかなかやめられません。

葉っぱさんも生きている

花の水やりをするとき1つ1つの鉢《はち》に話しかけます
はっぱさんたくさんのんでね〜
チクチクさんもどうぞ〜
チクチクさん……?
ああ……なるほど
きょうもきれいだね〜
なんだか本当に喜んでるみたい
みんなげんきいっぱいになってよかったね!
植物にも感情があるかのような接し方をします
雑草にまで水をやる

植物だけではなくコミュニケーションを取れない動物や、赤ちゃん、外国人などの気持ちをよく察します。

楽しみすぎて眠れない

遠足が楽しみすぎて
バスのなかでだれととなりかな
どんなところにいくのかな
ドキドキ
ワクワク
前日から空想フル回転
夜中に何度も目を覚まし
いまからじゅんびするー!!
2:00
がばっ!!
……
まだ2時だよ。夜だからもう1回寝《ね》ようね……
もうした《リビング》にいく
がばっ
うう……まだ3時
まだ夜だから、落ち着いて……
朝はいつもよりずっと早く家を出ました
バスがもうきちゃったかも!!
はやくはやく!!
待って〜〜
出発前に、すでにエネルギーを消耗《しょうもう》しています

疲《つか》れますが、出発前から行ったつもりになって想像できることは、本当に楽しいことなんです。

言われてうれしい言葉1

もんだい！
らいむちゃんがいわれて
いちばんうれしいことばは
なんでしょう
なんだろ……
かわいいね？
ブ——
ん——
さすが
お姉ちゃん？
ブ——
正解は……
しょうだねー
うん
うん
そうだね〜
まさかの
受容と
共感!!

受容と共感は、誰《だれ》にとってもよいものですが、
HSCにとっては特に必要なものです。

言われてうれしい言葉2

ある日掃除《そうじ》をしていると……
子どもの小さなおもちゃの黒板に何か書いてあるのに気がついた
ん？
いわれてうれしいことば
いわれてうれしいことば
・きもちわかるよ

あれこれ正解を言わず、ただ、気持ちを受け止めてほしいのですね。大切なことはみんな、子どもが教えてくれるようです。

Dr. 明橋から幼児期のパパ、ママへ♪

子どものペースを尊重すると、安心して、のびのび育ちます

子どもの気持ちを受け止めて、それを言葉にして、返しましょう。

「嫌《いや》だったんだね」「怖《こわ》かったんだね」などです。

ぎゅっと抱《だ》きしめて、穏《おだ》やかなトーンで話すようにすると、安心します。

お父さん、お母さんがいれば、大丈夫《だいじょうぶ》だ、という気持ちがとても大切です。HSC は特に養育者の影響《えいきょう》を大きく受けます。柔軟《じゅうなん》で温かい保護者の下《もと》では、のびのびと育つことができるのです。

他の人のアドバイスは、ともすれば HSC にとっては刺激《しげき》が強すぎることが少なくありません。

子どものわがままにつきあっていると、「甘《あま》やかしている」「ちゃんと叱《しか》らないからこんなにわがままに育ったんだ」と言われることもあります。

しかし HSC は、自分のペースを尊重してもらえなかったり、強く叱《しか》られたりすると、強いダメージを受け、パニックになってしまうこともあります。そういう事態を避《さ》け、子どものペースを尊重することは、決して甘《あま》やかしではありません。

小学生期の
あるある

小学生期の特徴：Dr. 明橋

小学校時代は、独特の才能を開花させる時期です。

親にとっても、それは大きな喜びです。

一方、HSC にとって、学校は刺激《しげき》が強すぎる場所で、行くだけで疲《つか》れてしまう子もいます。

でも、先生が自分の味方で、教室は安全な場所だとわかると、自分らしくいられるようになります。

外では優等生、家では、わがままにふるまうことがあります。

初めての体験は大きな試練

他の人の何倍も刺激《しげき》を感じているので
どんなに楽しいことでも、疲れてしまうのです。
でも慣れれば、どんどん挑戦《ちょうせん》できるようになります！

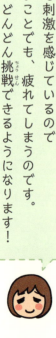

周りが気になる

大勢の中にいると、どうしても周りが気になってしまうんだよね。
気が散ってしまうとなかなか集中できません。

●においに敏感

車の展示場に行ったとき
ふーん タントって こんなにおいかぁ
くん
くん
あー、この車は こういうにおいね、うん
わー
においがけっこう重要なのです
荷物が届いたとき
なに なに～？
あ、これ ばぁばからの荷物だ
くんくん
くん くん
誰《だれ》から届いた荷物かにおいで当てます

今では利《き》き酒《ざけ》ならぬ利《き》きジャージができます。

こっちはみーちゃんの
こっちはちーちゃんの
くん くん

味にも敏感

微妙《びみょう》に傷《いた》み始《はじ》めた食べ物には、真っ先に反応し
これ何か変な味する！
食べたくない!!
えーいいじゃんこれくらい
長く冷《れい》凍《とう》庫《こ》に入っていた食品や、慣れていない食べ物は受け付けません
いらない！
薬のにおいがする!!
えーっ
お茶にもこだわりがあって、決まったメーカーの麦茶しか飲みません
友達《ともだち》の家の麦茶、なんか苦くて飲めなかったー
わかるー
わが家では、飲むお茶がそれぞれ違《ちが》います
子どもは麦茶オンリー
ほうじ茶
ハーブティーが大好き
緑茶

HSCは味覚にこだわりがあります。微妙《びみょう》な味の違《ちが》いにも反応し、初めての食べ物は嫌《いや》がります。でも、わがままを言っているんじゃないんです。

平和主義

私
あの子
嫌《きら》い
あ、わかる。
私もー
!!
HSCは平和が崩《くず》れることが大の苦手
あわわわ
どどどうしよう
ホラホラ
何とか
しなさいよー!!
びんかん
ねー
見て見て～
変顔
できてる～?
こないださ～
お母さんに夕食の
こんだて聞いたら
「今日、麩《ふ》のみそ汁《しる》」
……恐怖《きょうふ》のみそ汁《しる》、
なんつって!
場の雰囲気《ふんいき》をよくしようと
必死でがんばります

悪口を聞くと、自分に対する悪口ではなくてもとても傷ついてしまいます。

住宅チラシ萌え

住宅チラシの間取り図を見て
あったあった
オープンハウス開
2,980万円
自分が住んでいるところを想像しては勝手にワクワクしています
6畳
ワクワク
お、その家いいねー
お母さんこの部屋《へや》にしようかな
横から割《わ》り込《こ》んだら
人の空想に土足で入ってきて踏《ふ》み荒《あ》らさないで!!
怒《おこ》られた
実際住むわけでもないのに
ちぇっ

間取り図にはたまらない魅力《みりょく》があります。妄想《もうそう》フル回転～

学校は刺激が多い場所

HSCは、独りぼっちでいる人を見ると、何とかしないと、と思ってしまいます。また、誰《だれ》かが怒《おこ》っていたり、イライラしたりしているなど、張《は》り詰《つ》めた空気が苦手です。

誕生日のごちそう

誕生日は、子どものリクエストご飯です
おすしは？・
何にしようかなぁ〜〜♡
いいなぁ
学校で、ワクワクしながら書いたそうです
よーし！がんばって作るぞ〜!!
ハンバーグ
手まきずし
ケーキ
野菜も食べてほしいからピーマンを小さく小さく刻んで……
まずい!!
こんなまずいもん食べられるか!!
何でピーマンなんか入れるの!! ひどい!! 最低!!
おえーっ
おえーっ
せっかくの誕生日が台無しになりました

私がピーマンさえ入れなければ、大成功に終わっていたはずの誕生日。この日からピーマンが子どものトラウマになりました。どんなに小さく小さく刻んでも、味に敏感《びんかん》なHSCには隠《かく》せないのです。

苦手な人

苦手な人――!!
苦手な人――!!
怒《おこ》っている人～～!!
一緒の部屋にいるのもつらい
ハアー
えらそうで高圧的な人～
声も大きい
オレの言うことに従えばいいんだ
ヒイッ
弱い者いじめをする人～～!!
アハハハ
最低!!

正義感が強く、不公平なことや、いじめ、暴力などに対して、強く憤慨《ふんがい》します。

好きな人

大好きな人――!!
大好きな人――!!
笑顔《えがお》の人～
大好き!!
大好き!!
思いやりのある人～
大丈夫《だいじょうぶ》!?
ステキ!
そして……やっぱり笑顔《えがお》の人～
笑顔っていいね!

誰《だれ》でも皆《みな》、人の笑顔《えがお》は大好きですが、HSCにとっては、最強のエネルギー源なのです。

心で思っていること

何やってんの!!
バーカ
バーカ
楽しい!!
あははは
あははは
……
いいよ
私
やっとくよ
ゴミ
嫌《いや》だなあ……
うっ
ゴミ
HSCにとっては言葉の裏にある感情のほうが重要なのです

HSCは相手の感情を読むことに長《た》けています。自分といるときは、いつも幸せな感情でいてほしいと思ってしまうのです。

空想大好き

HSCは、身の回りにあるどんなものからでも簡単にお話を作り始めます
帰り道、葉っぱが1枚落ちてたの
この子はね お父さんは車にひかれて お母さんは風に飛ばされて 独りぼっちなの
今 私のイルカちゃんが「行ってきまーす」って、旅に出ていったよ
自分も主人公となって、いろんな体験をします
自分にはやんちゃでかわいい弟が2人いて
優しいお母さんがいて 大きなお家に住んでいて……
「もし、こうなったら……」と考え始めたら止まりません
宝くじが当たったら……
(買ってないけど)
家を買って 大きな車を買って あれしてこれして……
あの雲に乗って 世界中を回って旅をして
お母さん お母さん!!
もしもーし
楽しみなことは前日から空想で大満足できます
あれしてこれして……
あれしてこれして……
旅行~
ほわ~ん

わが家の女3人は、空想癖《くうそうへき》があります。空想の中では、ヒロインになることもできるし、自分の都合のいいように、自由に話を展開することもできます。空想をしていると楽しいいし、一人で何倍も人生を味わうことができます。

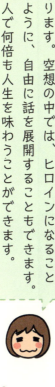

その一言でスイッチオン

アイス食べたい
えー
すごく混《こ》んでるよ……
がんばって並ぼうか？
ジリ
ジリ
ice cream
アイスクリーム
40分もかかっちゃったね
疲れた……
ON!
スイッチ
ぴくっ
お母さんが機嫌《きげん》悪くなっちゃったのはあんたのせいよ!!
びんかん
お母さんはあんたを責めているのよ!!
私が悪いって言いたいの!?
お母さんが並ぼうって言わなければよかったんでしょ!!
もうこんなもんいらん!!
わーーん!!
えっ
えっ

ささいな一言で、機嫌《きげん》が悪くなることがたびたびあります。子どもの前では、心に思っただけでも、すぐに読まれてしまいます。共感性が高く、人の気分に左右されやすいのです。

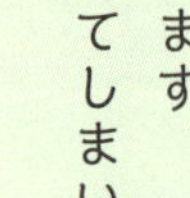

思い込みの力

原因はわからないけれど、子どもが、お好み焼きを食べたあと、吐《は》いてしまった
大丈夫《だいじょうぶ》!?
キラ
キラ
お好み焼きを食べると吐《は》く
ネガティブな情報インプット
強烈《きょうれつ》な思い出がインプットされました
後日
エーッ お好み焼き!!
私吐《は》くから無理!
大丈夫《だいじょうぶ》だよ〜。この前はお好み焼きが悪かったんじゃないよ〜
以来、お好み焼きを食べるたびに吐《は》いています
えーっ
ゲロ〜

豊かな推理力、想像力を駆使《くし》した「思《おも》い込《こ》み力《りょく》」は、なかなか激しいものがあります。

ストレスを吐き出す

遊びから帰ってくるときはたいてい機嫌《きげん》が悪いです
……
おかえり
……どうした？何かあった？
私だけ自転車ないのにさっ
待ってって言ったのに待ってくれなくてさっ!!
みんな先にジュース飲んでてさっ
全然楽しくなかった!!
そして嫌《いや》だったことをすべて母にぶつけます
こんなふうに言われると、親としては心配になってしまいますが……
あ、ゆかー？うん、楽しかったねー うん うん
くるっ
明日？行く行く〜♪
すっきりした！
もう遊ばないのかというとそんなことはありません
明日も遊ぶことになった！
そ、そう……
一日楽しかった中の嫌《いや》だった部分を吐《は》き出《だ》しているだけなのです

一日中、友達《ともだち》に気を遣《つか》って、くたくたになっているのかもしれません。

楽しいことほど終わりがつらい

うさこの場合……
はあああ
何!? どうしたの?
はあ
もう一度今日が始まる前に戻《もど》ったらいいのに……
終わっちゃった……
はあああああ
歓《かん》楽《らく》極《きわ》まりて哀情《あいじょう》多し。よっぽど楽しかったんだね

この感情は、私も本当によくわかります。

自分に厳しい1

失敗しては自分を責めて
何て自分はダメなんだぁあああ
何もしなければ自分を責めて
失敗してもいいからやってみればよかった
何もしなかった自分はサイテーだ!!
自己嫌悪
成功したら、今度はいたたまれなくなる
こんなことなら成功しないほうがよかった
へーすご〜い
じろじろ
みんな、らいむさんを見習うように!!
ほめほめ
HSCは自分に厳しすぎるのです
やめてー。
びんかん

HSCは、他人を気遣《きづか》う割りには、自分のことは後回しですし、他人に優《やさ》しい割りには、自分には厳しくて、ついつい自分を責めてしまいます。他人と同じように、自分にも、もっと優《やさ》しくなっていいのです。

自分に厳しい2

友達《ともだち》から
ごめーん
やっぱり今日遊べなくなっちゃった
の電話も
私
何かしたっけ……?
ガーン
お母さんの機嫌《きげん》が悪いのも
だだだだだだ
イラ
イラ
ドキ
ドキ
応援《おうえん》していたチームが負けてしまったのも
あーあ
悪いことが起こるのは全部
自分のせいだ
と思ってしまいます

友達《ともだち》の都合が悪くなったのも、本当に、その友達《ともだち》に何かの都合ができたからですし、お母さんの機嫌《きげん》が悪いのも、たいていそれはお母さん自身の事情です。決して、あなたのせいではないのです。

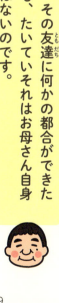

失敗談を聞くのは苦手

仕事でこんな失敗してさー
ものすごく高価な物を、慎重《しんちょう》に運んでたんだけど
偉《えら》い人の前まで持ってきたとき、その方の目の前で壁《かべ》にぐさっと刺《さ》しちゃって……
あっ
ぐさっ
そ〜っ
すごく怒《おこ》られたよー
あーっはっはっ
私たちは大笑いしているのですが
お父さんがかわいそう
うさこは人知れず泣いている
やめて〜
こんなことがけっこうあります

らいむも昔はこうでした。成長とともに、余裕《よゆう》ができて、失敗も笑い飛ばせるようになってきます。

期待にこたえたい

今日は楽しかった？
そう！よかったね
友達《ともだち》と仲良く遊ぶのはよいこと!!
びんかん
あら、すごいじゃない!!がんばったね
100
100点を取るのはよいこと!!
びんかん
わっ、片づけてくれるの、ありがとう!!
お母さんのお手伝《てつだ》いはよいこと!!
びんかん
お母さんにほめられる子がいい子なんだよ
びんかん
いい子になれるようにがんばろう!!

HSCは、必要以上に相手の期待に沿った行動をしようとします。特にお母さんには愛されたいという気持ちが強いので、大きな影響《えいきょう》を受けてしまいます。

いい子になる決心1

本当はお母さんを悲しませたくないのに
バカ　バカ
あっち行け！　顔も見たくない!!
感情をコントロールできなくて、いつもひどいことを言ってしまう
うざい!!
声も聞きたくない!!　お母さん嫌《きら》い!!
でも本当は自分が言った言葉でいちばん傷ついているのは自分のほう
うざい　ほんと!!　うざい
消えてほしい!!
だから今度こそいい子になろうと、毎日のように決心しているがんばりやさんなのです
よーし！　これからは怒《おこ》らないお姉さんになる！

ひどいこと言ってしまうけれど、本当は自分をいちばん責めているＨＳＣ。わかるよ、その気持ち。もう少し大きくなれば、きっと上手《じょうず》に伝えられるようになるからね。

いい子になる決心2

お母さん、見て!!
いい子スイッチ作ったよ！
もし私が言うこと聞かなかったらこのボタン押《お》してね
あ、うん……わかった
いい子
おーい そろそろ テーブルの上 片づけて 宿題やろうか～
はっ 無理！
あれ～？ おかしいな。ボタン押《お》してるのになぁ
ピンポーンって言わないからきかないんだよ!!
ピンポーン お片づけだよ～♪
ピンポーン
あれ？ ピンポーン ピンポーン ピンポンピンポンピンポン ピンポンピンポンピンポン
お母さんが連打するから壊れちゃった!! じゃんかよー
なかなかうまくいかないジレンマに苦しみます

「いい子になろう！」って決心していても、ささいなことで、ダメージを受けてしまい、それでもういっぱいいっぱいになってしまうHSC。でも本当は、誰《だれ》よりも「いい子」になりたいんだよね。

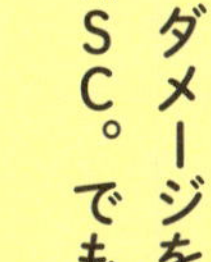

人生について深く考えています

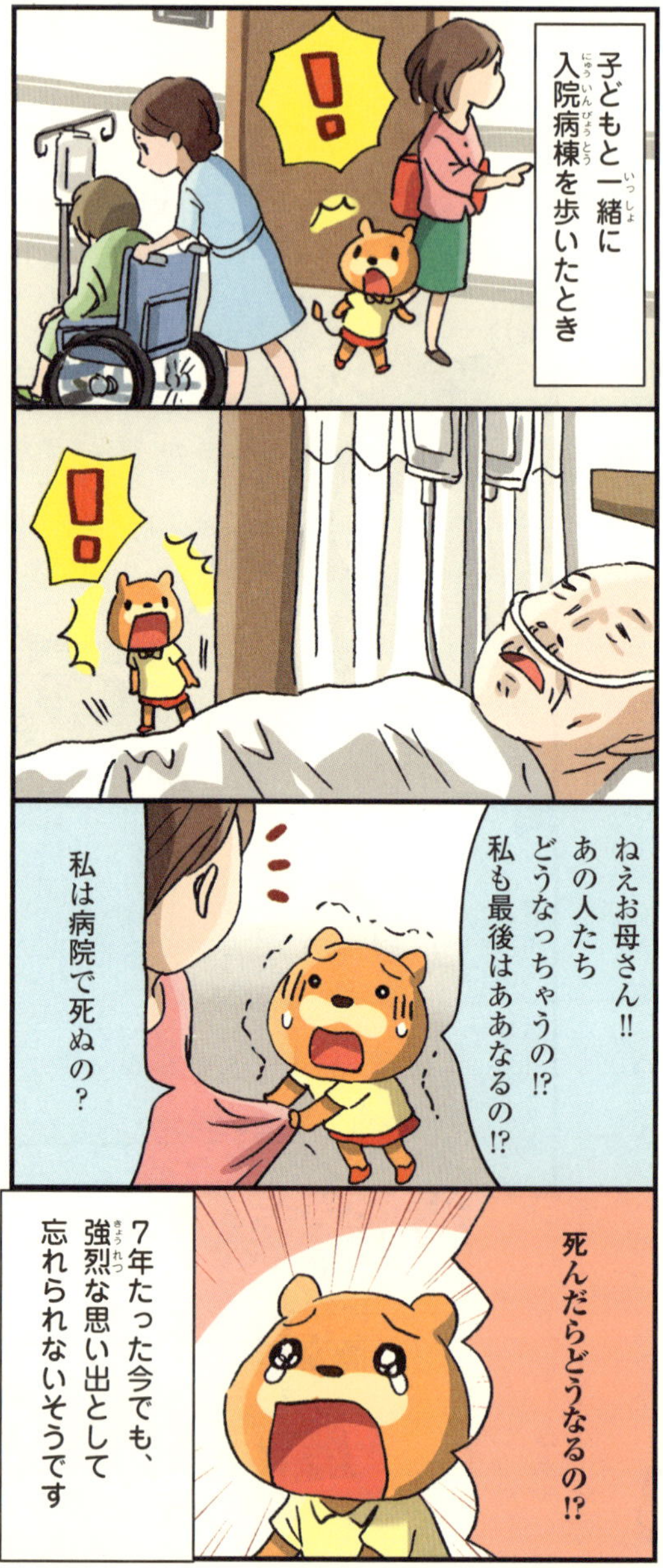
子どもと一緒《いっしょ》に
入院《にゅういん》病棟《びょうとう》を歩いたとき
ねえお母さん!!
あの人たち
どうなっちゃうの!?
私も最後はああなるの!?
私は病院で死ぬの？
死んだらどうなるの!?
7年たった今でも、
強烈《きょうれつ》な思い出として
忘れられないそうです

HSCは、他の子が考えないようなことを深く、じっくりと考える傾向《けいこう》があります。

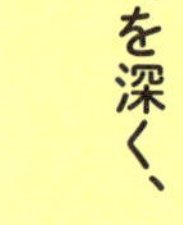

ぬいぐるみの儀式

知人からぬいぐるみをもらいました
わーいわーい
その後しばらく寝室《しんしつ》にこもって何やらゴニョゴニョ言っているので
ゴニョゴニョ
ゴニョゴニョゴニョ..
何をしているのかな、とのぞいてみたら……
バーン
新入り
もともと家にあったぬいぐるみたち
こ、これは……
これからよろしくお願いします
こちらこそよろしくお願いします
一人ずつ自己紹介《じこしょうかい》をさせ合っていました

HSCはぬいぐるみを友達《ともだち》のように扱《あつか》い、それを使って物語を作って遊びます。

想像力がたくましすぎて

好きな人がしょんぼりする場面を想像するだけで
わーーっ
となってしまうしょんぼりパニック
みんな、それぞれのツボがあって
お父さんが好物を「わぁ♡♡」っていう顔して食べようとしてるのね。そしたら誰《だれ》かに「ダメです」って取り上げられて、お父さんがしょんぼり顔に……
わーーっ
わーっ
私はね、子どもが店で欲《ほ》しい物を見つけて、目をキラキラさせているの！それでお金を払《はら》おうとサイフを見たら……お金が足りなくて……
いやあぁぁぁあ
想像したくない!!
うさこはこういう話全部弱いよね
誰《だれ》かが悲しかった話聞くと本当に泣いちゃうよね
想像するだけで
静かに泣く
シクシク…

悲しい出来事は、想像するだけでつらい。

●急に苦手な人になる

4年生にもなって
そんなんじゃダメでしょう
もっとしっかりしてください
がーん
今までいい先生だと思っていたのに
こんなに嫌《いや》な人だとは思わなかった
あの先生は悪い先生だ
悪い人決定
もう習い事やめる
0か100か、白か黒か、極端《きょくたん》な考え方をする傾向《けいこう》が強いので、人間は皆《みな》グレーだと知ることが大切です

どんなに仲のいい友達《ともだち》でも、一つ嫌《いや》なことがあると、途端《とたん》にダメになってしまうこともあります。人間は、よいところばかりでもないし、悪いところばかりでもないと知るだけでも楽になります。

モンスターではありません

先生、家でもご飯は本当に食べないんです
給食の時間がつらいと言っていますので、よそうのは少しだけにしていただけないでしょうか
指名されても、声が出ません。このように対処していただけないでしょうか
ドキドキ
大勢の前での発表が本当に苦手です。恥《は》ずかしい思いをしたら、トラウマになってしまうかもしれません
自分から意見も言えず、シャイに見えると思いますが
先生は自分の味方だと思えたら活発になります
毎年、先生にお願いすることが多くて、なんだか自分がモンスターになった気がしてしまいます
それでも、子どもの特性を知ることは、先生にとっても絶対必要なはず！
なるほど！
と思って、がんばって伝えています

注文が多くてすみません。でもさすがに先生はプロです。伝えると上手《じょうず》に対応してくださいます。

サプライズが苦手

私も敏感《びんかん》な人間です
ガチャ
わあぁっ
驚《おどろ》いたときは
大きな声が出てしまい
ばっ
ぎゃああぁっ
その声でびっくりした子どもに
いつもクレームを言われてしまいます
もー
お母さんの声のほうがびっくりするよ!!

ＨＳＣはびっくりすることが苦手なんですよね。

共感脳

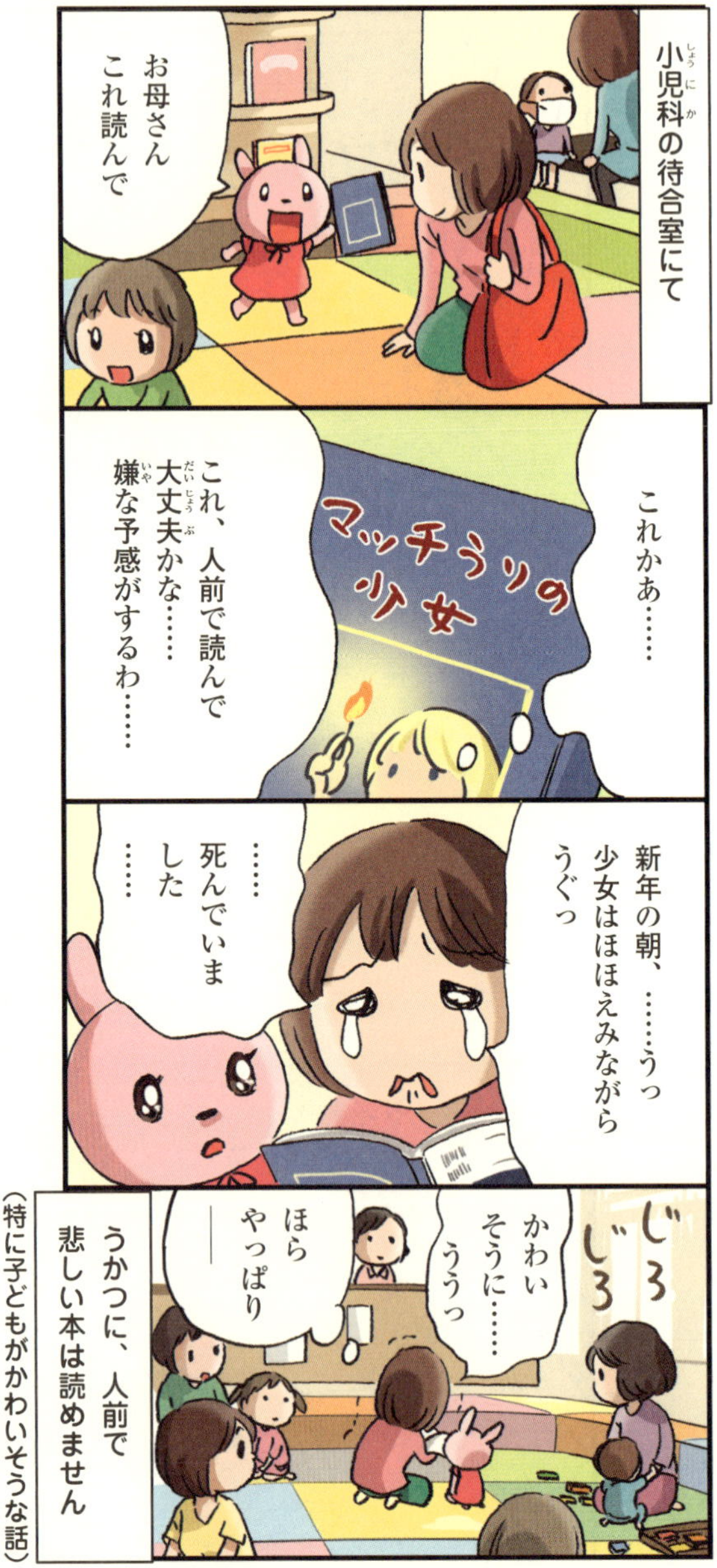
小児科《しょうにか》の待合室にて
お母さん これ読んで
これかあ……
マッチうりの少女
これ、人前で読んで大丈夫《だいじょうぶ》かな……
嫌《いや》な予感がするわ……
新年の朝、……うっ 少女はほほえみながら うぐっ
……死んでいました……
じろじろ
かわいそうに……ううっ
ほら やっぱり——
うかつに、人前で悲しい本は読めません
(特に子どもがかわいそうな話)

物語の登場人物には、深く感情移入するので、涙腺《るいせん》がとってもゆるゆるになってしまいます。

Dr. 明橋から小学生期のパパ、ママへ♪

勝ち負けよりも、楽しむことが、学校生活では大切です

人間関係がさらに広がり、ささいなことで、ひどく傷ついて帰ってきます。

親がHSPなら、子どもよりも深く打ちのめされてしまうかもしれません。

でも、子どもには子どもの試練があります。どんなにつらくても、親が子どもに降りかかるすべての苦難を取ってしまうことはできません。

どんなに心配でも、子どもは、自分の運命は、自分で切り開いていけると信じましょう。

どうしてこんなことで傷ついているのかわからないこともあります。もしそうだとしても、「気にしすぎ」とか「訳わからん」とか否定するのでなく、「あなたはそう感じたんだね」「つらかったんだね」と、気持ちを受け止めましょう。

学校生活では、競争させられる場面がどうしても増えてきます。

人と比べられることが苦手なHSC。

勝ち負けや、優劣《ゆうれつ》にこだわるよりも、楽しむことが大切だとぜひ伝えていきましょう。

ママも小さい頃はHSC

●虫の拡大図

子どもの頃《ころ》からびっくりしやすい私
イヤアアアア
むしむしむしむし
もー、その声のほうがびっくりするよー
言われ続ける
中学生になって困ったのが理科の資料集
アリの巨大図
Hey!
トンボの複眼
キラキラ
ブクブク
ムリ…
あまりにも刺激《しげき》が強すぎました
しかも見たくないページに限って、たまたま開くとそのページになる不思議
ヒッ
心臓に悪いので、二度と開けないようにホチキスで留めました
後日、姉も同じことをしているのを発見!

一人がいちばん落ち着く

お母さんが動き回っていると落ち着かない
せか
せか
じっとしているだけで責められているような気分になる……
何かやることある？
あらありがと
じゃあ、コレ皮むいてそれからこれを洗っておはし出して……
終わったけど、途中《とちゅう》で抜《ぬ》けづらいな
カチャ
カチャ
また新たに出た洗い物を片づけるか
ありがとー
次はこっちよろしく
は～
やっぱり自分の部屋《へや》がいちばん落ち着くわ～
疲れたー

1のことを10受け取るのがＨＳＣ。よく気がつくので、他の子の10倍、100倍仕事をしていることがあります。

強盗シミュレーション

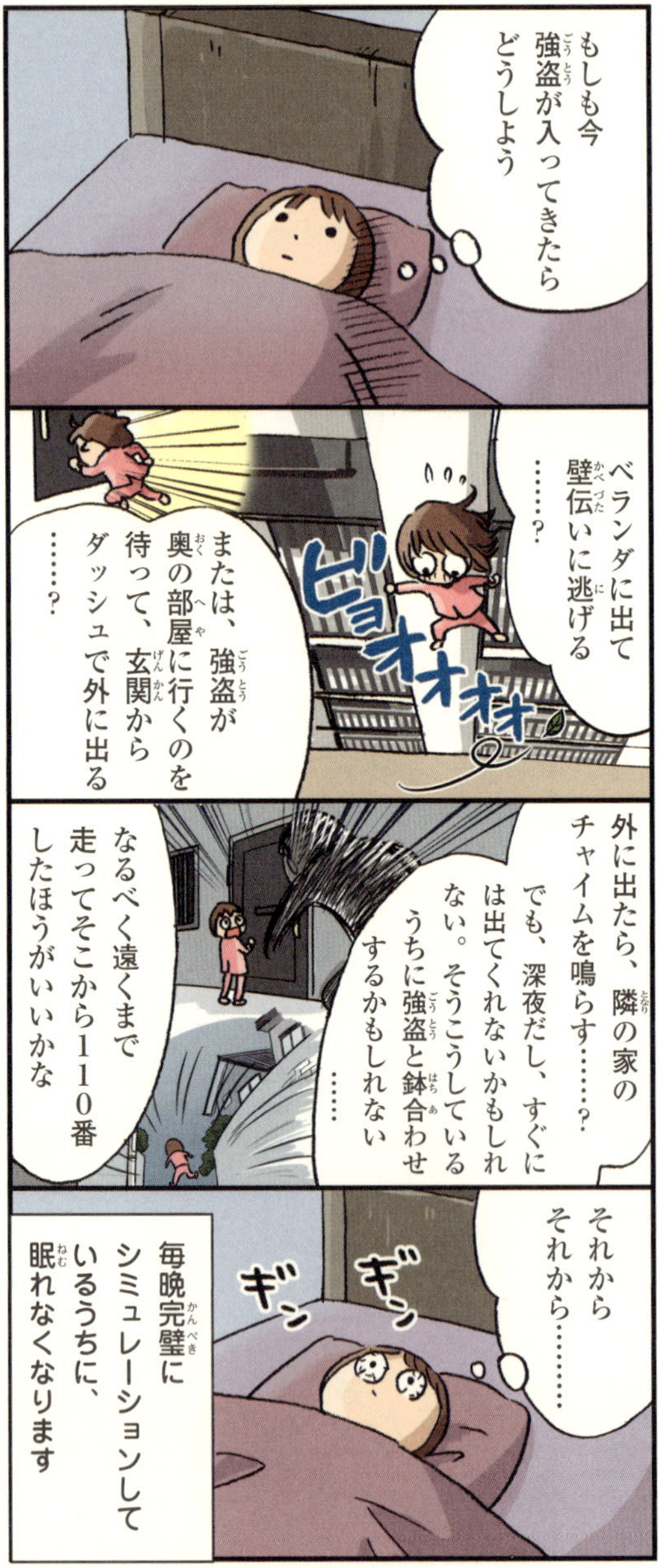

真っ先に、最悪の事態を想像してしまいますが、リスクを想定できる気質は、生物が生き残るためには、いちばん大切な能力です。

境界線がゆるい

HSCは、もともと境界線を引くのが苦手ですが、あらゆる他人の影響《えいきょう》を受けやすいように思います
ふつうは他人との間に境界線がある
あなたはあなた
私は私
感情の大波
どばー
HSCは境界がゆるゆる
成績優秀《ゆうしゅう》な子と仲良くなると、
ブツブツ
よーし私もがんばるぞ!!
98
やったぁ
自分の成績も上がり
字がキレイな子と仲良くなると
見てるだけで気持ちいい!
えーありがとう
おお、ゆきちゃんそっくりな字!
自分の字もきれいになりました
他にも活発な子と仲良くなると自分も活発になり
落ち着いた子と仲良くなると自分もそうなり
しゃべり方やテンポまで似てしまいます
自分はとても感化されやすいなあ、とずっと思っていました

境界がゆるいのは、相手のよい影響《えいきょう》を受けるという意味では、いいことなのですが、相手が負の感情でいるときは、こちらもそれをまともに受け取って、つらくなってしまいます。境界線を引く練習を重ねると、上手《じょうず》にたくさんの人とつきあえるようになります。

夢中になるとやめられない

好きなことは夢中になるとやめられなくなります
おもしろい……
本を読み始めたらご飯も食べず
おなかがすいたけどがまん……
ほぎゃー
途中休憩《とちゅうきゅうけい》も取らず
最後まで一気に読みたいのです
ゴクゴク
少しずつ読む、という読み方が私には難しいです

夢中になったら、没頭《ぼっとう》できるのも、HSCのいいところです。次の行動に移るのが苦手、ともいえますが、決して悪いことではないと私は思います。

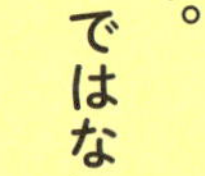

モコママから、HSCを育てるママへ

自分を責めないでください

HSCは、感受性が強く、恐怖《きょうふ》や、ストレス、嫌《いや》なことがあると、すぐに感情のコップがあふれてしまいます
ストレス
悲しい
疲れた
眠い
やりたくない
これ以上入らない!!
自分ではどうすることもできず、どうしたらいいかもわからず、パニックになっている状態です
嫌《いや》だ！嫌《いや》だ！
ドバババババ
バカ
アホ!!
こんなときは「大丈夫《だいじょうぶ》だよ」と落ち着くまで抱《だ》きしめると安心します
大丈夫《だいじょうぶ》だよ
いやだいやだ

でも、
それができる
ときばかりでは
ありません
わぁ
わぁ
始まった……
たいていは、本人にしか
わからないこだわりなので、
親にも、なぜこんなことで、
狂《くる》ったように泣いているの
かわからないのです
そうじゃない
の!!
こうやるの!!
全然
ダメ!!
だから初めは、優《やさ》しく丁寧《ていねい》に
対応していても
じゃあもう1回やるね
こんにちは～
これ下さい
そうじゃ
ないの!!
こうな
の!!
……やっぱり
これ下さい
違《ちが》う
違《ちが》う!!
あーもう!!
もっとかわいい
声で!!
こんにちはー
えーと
結局最後は、いつもイライラ
してしまいます
なんかつまんない。
お母さんもうやめていい？
ハァーーッ
ぎゃーっ
ドヤーーン

しかも、他に頼《たよ》れる人がいれば いいですが、たいていの場合は 一人きりなので
もー うるさい!!
静かに して!!
お母さん がー
お母さん がー
限界!! 頭おかしく なる!!
時間にも心にも余裕《よゆう》がなく、悪い対応になってしまう場合が ほとんどです
HSCを育てるママへ。
もし、間違《まちが》った対応を してしまっても、自分を 責めないでください
またあんな ひどいことを 言ってしまった……
あれもこれも、やらな ければならないことが 多い中、時間に追われ
言うことを聞かない 子どもと、たった 一人で向き合っていて つい声を荒《あら》らげて しまったとしても、それを誰《だれ》が責めること ができるのでしょう
誰《だれ》がやっても、そんなに変わらな かったと思います
自分は 母親失格だ……
こんな母親に 育てられる あの子がかわいそう……
手がかかる子どもは 誰《だれ》が育てても 手がかかるものです

完璧《かんぺき》なお母さんは、世の中に存在しません
いいお母さんにこだわるよりも、自分が間違《まちが》っていたと思ったときに、「ごめんね」と子どもに謝《あやま》ることのほうが、大切だと思います
どなったり、子どもを罵倒《ばとう》したりしてしまったということは、それがそのまま親のストレス値なのではないでしょうか
もうじゅうぶんがんばりすぎているよという警告と考えて、ストレスを減らす工夫《くふう》をしたほうがよいと、私は思います

HSC チェックリスト

ひといちばい敏感《びんかん》な子（HSC）かどうかを知るための、23項目《こうもく》です。
どちらかといえば当てはまる、あるいは、過去に多く当てはまっていたら、「はい」。
まったく当てはまらないか、ほぼ当てはまらないなら、「いいえ」と答えてください。

1	すぐにびっくりする	はい	いいえ
2	服の布地がチクチクしたり、靴下の縫い目や服のラベルが肌に当たったりするのを嫌がる	はい	いいえ
3	驚かされるのが苦手である	はい	いいえ
4	しつけは、強い罰よりも、優しい注意のほうが効果がある	はい	いいえ
5	親の心を読む	はい	いいえ
6	年齢の割りに難しい言葉を使う	はい	いいえ
7	いつもと違うにおいに気づく	はい	いいえ

8	ユーモアのセンスがある	はい	いいえ
9	直感力に優れている	はい	いいえ
10	興奮したあとはなかなか寝つけない	はい	いいえ
11	大きな変化にうまく適応できない	はい	いいえ
12	たくさんのことを質問する	はい	いいえ
13	服がぬれたり、砂がついたりすると、着替えたがる	はい	いいえ
14	完璧主義である	はい	いいえ
15	誰かがつらい思いをしていることに気づく	はい	いいえ
16	静かに遊ぶのを好む	はい	いいえ
17	考えさせられる深い質問をする	はい	いいえ
18	痛みに敏感である	はい	いいえ

19	うるさい場所を嫌がる	はい	いいえ
20	細かいこと（物の移動、人の外見の変化など）に気づく	はい	いいえ
21	石橋をたたいて渡る	はい	いいえ
22	人前で発表するときには、知っている人だけのほうがうまくいく	はい	いいえ
23	物事を深く考える	はい	いいえ

得点評価▽

13個以上に「はい」なら、お子さんはおそらくＨＳＣでしょう。

しかし、心理テストよりも、子どもを観察する親の感覚のほうが正確です。たとえ「はい」が1つか2つでも、その度合いが極端《きょくたん》に強ければ、お子さんはＨＳＣの可能性があります。

非HSCと、HSCとは、どう違う？

HSCは、ささいな刺激《しげき》を察知して、深く処理をしたり、人の気持ちを汲《く》み取《と》って、自分のことのように共感したりします。日常の中で、HSCと、非HSC（HSCではない子）とでは、同じ場面で、それぞれどう感じているのか、比較《ひかく》してみました。

非HSC
イノシシタイプ
ペンギンタイプ
HSC
ライオンタイプ
ウサギタイプ

朝のあいさつ

非HSCの場合

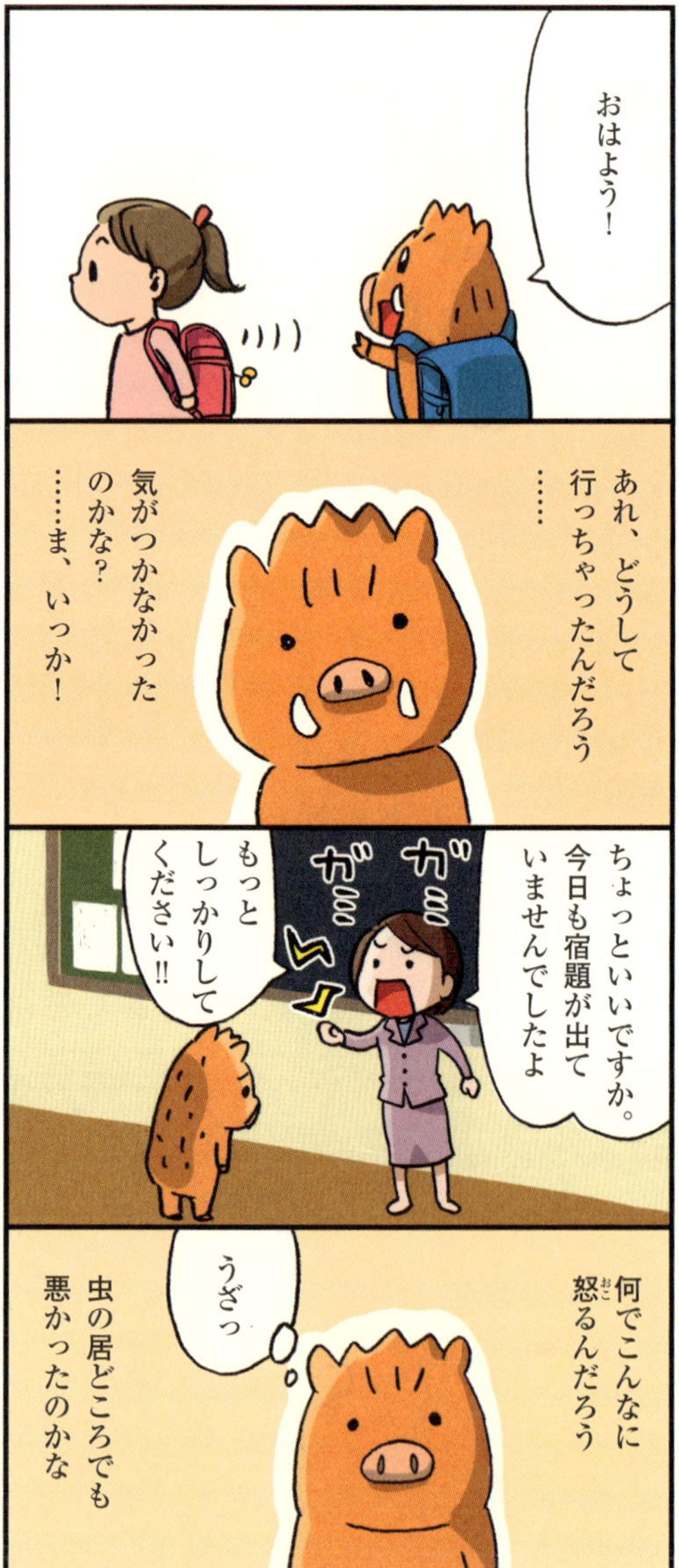

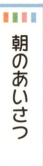

HSCの場合

おはよう！
無視された！　どうして!?
何か悪いことしたっけ？
もしかしてあのことで怒《おこ》ってるのかな。
それともあのことを怒《おこ》ってるのかな。
どうしよう……!!
ちょっといいですか。今日も宿題が出ていませんでしたよ
ガミガミ
もっとしっかりしてください!!
!!
あれ、宿題……出したよね
他に何か、出し忘れているものはないかな

明橋先生からのアドバイス

HSCは、相手の言動を、自分と関係づけて、「自分が原因で、相手はこういう態度をとるんだ」と思いがちです。しかしほとんどの場合、自分が原因ではないのです。

きっと友達《ともだち》は、何も気にしていないから大丈夫《だいじょうぶ》。

非HSCの場合

強引な友達

わー！ かわいい消しゴム〜♪
いいな〜
ねー、2つ持ってるんだから、1個ちょうだい
お願い!!
え〜 やだよ〜
ね！ 今度ぼくの消しゴムあげるからさ！
ぐい ぐい
ねっ ね
友《とも》達《だち》じゃん!!
……
ちょ、ちょっと
ちぇっ！
やだって言ってるのにしつこいな〜
はい、返してね！
駅前の文具堂で売ってるから、親に買ってもらいなよ

HSCの場合

わー！ かわいい
消しゴム～♪
いいな～
ねー、2つ持ってるん
だから、1個ちょうだい
お願い!!
えっ……
ね！ 今度ぼくの消しゴム
あげるからさ！
ぐいぐい
ねっ
ね
友《とも》達《だち》じゃん!!
……
やったー!!
うん……
まあ……
いいけど……

明橋先生からのアドバイス

ＨＳＣは、断ることも大の苦手です。相手ががっかりする顔を見るのがとてもつらいので、それなら自分ががまんしたほうがまだまし、と思ってしまうのです。でもそのもやもやは、ＨＳＣの心の中にどんどんたまっていきます。

断ってもいいんです。自分が傷つくからといって相手も同じとは限りません。

非HSCの場合

怒られたとき

最近、忘れ物が多いぞ
ガミ
ガミ
毎回注意しているのに、まったくよくならないじゃないか
先生、もうきみにはがっかりした。
学校は勉強する所だ。次に忘れ物したら帰っていいぞ
……はい
いのっち、今日めちゃくちゃ先生に叱《しか》られてたね
大丈夫?
明日は笛、忘れないでね
大丈夫《だいじょうぶ》、大丈夫《だいじょうぶ》! それよりも、今日アルパカくんの家に行くよな♪
次の日——
しまったー!!
笛、忘れたー!!

HSCの場合

ガミ
ガミ
ヒィィィ
笛を忘れたら自分もあんな目に遭《あ》うんだ!!
これは絶対に忘れられないぞ〜!!
夜――
笛、ちゃんと持ったかな
もう1回確認してから寝《ね》よう
朝――
急がないと遅刻《ちこく》するわよ
もう1回だけ確認してから行く

明橋先生からのアドバイス

HSCは、怒《おこ》られるのが大の苦手。他の人の何倍も落《お》ち込《こ》んでしまいます。だから、怒《おこ》られる事態を避《さ》けるために慎重《しんちょう》に慎重《しんちょう》を重ねます。

備えあれば憂《うれ》いなし。その慎重《しんちょう》さは素晴《すば》らしい長所です!

モコママが選んだ

みんなのHSCあるある

読者の皆《みな》さんから投稿《とうこう》された「あるある」エピソードの中から、モコママが選びました。

長年使っていた鍋《なべ》が壊《こわ》れてしまいました
あーあ
今までおみそ汁《しる》ありがとうって言って、さよならしよっか
ハッ
いやあああ
かわいそう
すてないでえええ
わたしがいないときにすてないでね！
お別れできなくなりました

（はなもも とり様）

かわいい〜〜♡　鍋が「捨てないで〜」って言っているんだもん。しょうがないよね。

うちの子、あらゆる物に「ちゃん・くん」をつけてかわいがり
ボールちゃん
くまちゃん
フクロウちゃん
バケツくん
かわいい!!
ご飯を食べさせたり会話をしたりしている
ハイどうぞ〜
ムシャムシャおいし〜
ぺちゃっ
汚れる……
最近の親友は「おはしちゃん」
ねんねしようね〜
……
夜も一緒《いっしょ》に布団《ふとん》に入り寝《ね》かしつけています
トン
トン

（わんちゃん先生様）

私も子どもの頃、枕元にいろんな物を並べては、お世話していましたよ〜♪　懐かしい。

お祭りにて焼きトウモロコシ売ってるよ〜
食べる？
いらな…
あっ!!
おじいちゃんがつくってる!!
しかもだれもならんでいない!!
ふぅ
ふぅ
今日の売り上げはこれだけか……
ふぅ…
夕食はこれしか買えなかった
ぜいたくもできんし白湯でがまんするか
ずずっ
おじいちゃん
あああああ
とうもろこし
3ぼんくださぁぁあぁい!!
あいよ〜
なぜ3本も
……
まさか小学生に心配されていたとは、おじいちゃんも思いもしなかったであろう……

（mibuki様）

HSCは、けっこうおじいちゃんには弱いのです。これってわが家では本当にあるあるです。

べちゃっ
うわあぁん
エェェェェ
からだにあながあいたー!!
わああああん
大丈夫!?
ダダダ
血は出てたけど
3ミリほどのけがだった
コレ
わあぁ
あっ
あん

わかる〜!! でも大げさなんじゃなくて、本人は本当にそう感じているんですよね。

(俵@本日も晴天なり様)

そんなに心配なら
こうしてみたら?
それはおれがきめることだから
いますごくかんがえてる
キリッ
小さい頃《ころ》から大人っぽい発言をする
うっ
か、かっこいい……
でもカミナリと注射はこの世の終わりみたいに怖《こわ》がるところがかわいい
ピカッ
キャー
こわいー!!

大人同士のように楽しい会話ができるのもHSCの醍醐味☆ 普段とのギャップがまたいい。

(hbc様)

ずっと並んでいて
やっと順番がきたのに
♪
横取りされると
あそびたかったんだね
すぐ譲《ゆず》る
後ろに並ばれても
すぐ譲《ゆず》る
ぱっ
プレッシャーに耐えられない
2歳の頃《ころ》から、欲《ほ》しい物があっても親のお財布事情《さいふじじょう》を心配する
これたかい？ やすい？
高いねー
欲《ほ》しいの？
ううん、いらない

（ももた様）

涙が出るほど大人の対応！ 気配りの天才ですね!!

入園初日
いきたくない
グズ
グズ
2日め
やすむ
3日め
やめたい
1学期半ば
いけない
もうがんばれない
2学期初日
やめることになりました♪
ビシッ
今は少しずつ幼稚園《ようちえん》を楽しみだしたけれど、疲《つか》れやすいことには変わりありません

（M様）

HSCのペースは、他の子と全然違うもんね。ゆっくり焦らずに☆

ちゅっくいた!!

おわりに

わが家の敏感《びんかん》な子どもたちは、中学3年生と、小学5年生になりました。
峻烈《しゅんれつ》な戦いが繰《く》り広《ひろ》げられる育児の毎日。
ビシッと叱《しか》らないからそうなるんじゃない？という周りの声。
私自身が繊細《せんさい》で、毎日ボロボロに傷つきながらの子育てでした。

ところがそんなある日、ＨＳＰ※という言葉を知り、自分の中の敏感《びんかん》さを受け入れるようになると、子どもの敏感《びんかん》さも肯定的《こうていてき》に見られるようになっていったのです。

「どうすれば、敏感《びんかん》な子どもを幸せに育てることができますか」と聞かれることがあります。
まずいえることは、親がＨＳＰの場合、自分自身の敏感《びんかん》さを否定している状態

※**HSP**…HSPとは、Highly Sensitive Personの略で、ひといちばい敏感な人のこと。敏感な子（HSC）は、成長すると、敏感な人（HSP）になります。大人になっても「敏感な気質」は変わらないのです。

で、子どもの敏感《びんかん》さだけを認める、ということはできません。親が、自分自身の気質をよく知る、ということが大事だと思います。

私はHSPの特徴《とくちょう》を知って、次の2つのことを意識したことで、とても生きやすくなりました。

1つは、グレーの見方をすること。

HSPは物事を「白か黒か」「善か悪か」で見る傾《けい》向《こう》が強いですが、白じゃないとだめ、善でなければならない、という考え方だと、とても苦しくなってしまいます。

本当は、「100パーセント善」「100パーセント悪」というものはなくて、この世のものは、すべてグレーでできています。

グレーの見方ができるようになると、いちいち腹を立てる必要もなくなります。人はみんな違《ちが》っていい。個性はそれぞれ素晴《すば》らしい。だから自分も、自分と違《ちが》

う人も、みんなそれでいいんだ、と思えるようになりました。

もう1つは、物事のよい面を見るようにすること。

ＨＳＰは、物事の悪い面ばかり見てしまう傾向《けいこう》があります。

それは、悪い出来事に備える慎重《しんちょう》さからくるもので、大切なことですが、悪い面だけを見ていると、ひどく落《お》ち込《こ》んで、つらい気持ちになってきます。

どんなに悪い出来事でも、必ずよい面があります。

そこで、悪い出来事が起きたときには、意識してよい面を見る練習をしました。

「でも、よかったよね、こうなっただけでも」という一言を、最後につけたり、何にも思いつかないときは、経験値が上がった！　勉強になった！と思ったりするようにしました。

すると、以前は海のどん底まで落《お》ち込《こ》んでいたのが、水たまりくらいになり、回復までの期間も短くなりました。

そうして、敏感《びんかん》さとうまくつきあえるようになってきた頃《ころ》、私は、敏感《びんかん》な人たちに共通する、素晴《すば》らしい長所に気がつきました。

それは私がいちばん大切にしているものであり、傷つきやすさの裏返しでもあります。

ようやく見つけた大切な宝は「愛情」という宝でした。

敏感《びんかん》な人たちは、温かい絆《きずな》を最も大切にし、ハッピーなときはともに笑い、悲しいときにはともに寄《よ》り添《そ》い、相手の幸せを願います。この宝は、一人ひとりの心のいちばん奥深《おくぶか》いところで、いつも崇高《すうこう》な輝《かがや》きを放っていました。

子どもたちが、こんなに素敵《すてき》な宝を持って生まれてきてくれたことを、他の何よりも、うれしく思います。

子どもは宝石箱です。

もしかしたら、親が望んだ宝は持っていないかもしれません。

でも、別の宝を持っています。

「この子は、どんな宝を持って生まれてきたのだろう」
と、素敵《すてき》な個性を見つけることが、親の楽しい仕事であり、見つけてもらえた子どもは、本当に幸せだと思います。

子どもを変えようとするのではなく、ありのままの子どもを受け入れ、愛することで、子どもは生き生きと育つことができ、自分らしく幸せな人生を過ごすことができるのだと思います。

太田知子

アンケートにご協力をお願いいたします

下のQRコードから、お答えください。

本書についての感想をお聞かせください。

※ご記入いただいた個人情報は、弊社からの郵送・電子メール等によるご案内、記念品の発送以外には使用いたしません。

〈著者略歴〉

太田　知子（おおた　ともこ）

昭和50年、東京都生まれ。２児の母。
イラスト、マンガを仕事とする。
著書『子育てハッピーたいむ』①～③
　　『りんごちゃんと、おひさまの森のなかまたち』①～⑤

〈監修者〉

明橋　大二（あけはし　だいじ）

心療内科医。真生会富山病院心療内科部長。

HSC子育てあるある
うちの子は ひといちばい敏感な子！

平成30年(2018)12月６日　第１刷発行
令和元年(2019)12月５日　第２刷発行

監　修　明橋　大二
著　者　太田　知子

発行所　株式会社　１万年堂出版
〒101-0052　東京都千代田区神田小川町2-4-20-5F
電話　03-3518-2126
FAX　03-3518-2127
https://www.10000nen.com/

装幀・デザイン　遠藤 和美
印刷所　凸版印刷株式会社

　ISBN978-4-86626-037-2 C0037

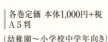

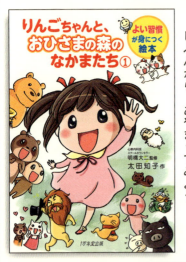

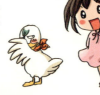